AF315407

3 Juin 1905

marque P

OBJETS DE LA PERSE

Porcelaines, Faïences

BRONZES, FERS, CUIVRES

ARMES

Étoffes, Broderies

TAPIS

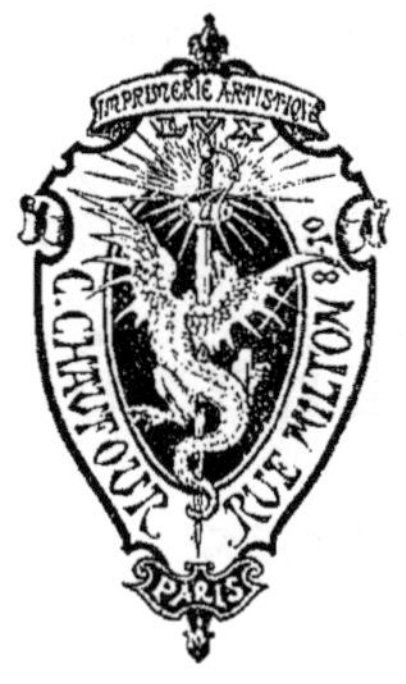
IMPRIMERIE ARTISTIQUE
C. CHARDON
RUE MILTON 8-10
PARIS

CATALOGUE

DES

OBJETS DE LA PERSE

PORCELAINES — FAIENCES

Plaques — Plats — Vases — Coupes — Bols

BRONZES - FERS - CUIVRES

Coffrets, Aiguières, Flambeaux, Torchères, Bassins
Vases, Mortiers, Écritoires, Narghilés

ARMES

TAPIS ANCIENS

Broderies — Étoffes

OBJETS DIVERS

dont la vente aura lieu

HOTEL DROUOT — SALLE N° 11

Le Samedi 3 Juin 1905, à 2 heures

Mᵉ F. LAIR-DUBREUIL	**M. Arthur BLOCHE**
COMMISSAIRE-PRISEUR	EXPERT PRÈS LA COUR D'APPEL
6 Rue de Hanovre, 6	51, Rue Saint-Georges, 51

Chez lesquels on trouve le présent Catalogue

EXPOSITION PUBLIQUE

Le Vendredi 2 Juin 1905, de 2 heures à 6 heures

CONDITIONS DE LA VENTE

La vente sera faite expressément au comptant.

Les acquéreurs paieront 10 o/o en sus des prix d'adjudication.

L'exposition mettant le public à même de se rendre compte de l'état et de la nature des objets, etc. compris dans ce catalogue, aucune réclamation ne sera admise une fois l'adjudication prononcée.

Paris. — Imp. C. Chaufour, 8-10, rue Milton

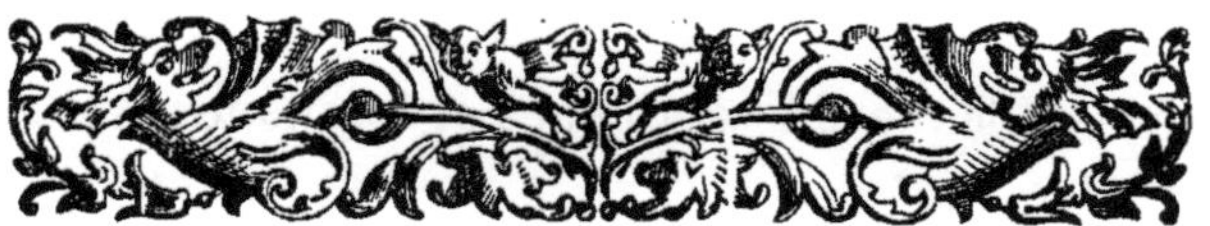

DESIGNATION

FAIENCES

245   1 — Deux grandes plaques de Dearbekir offrant en relief les inscriptions au milieu d'ornements d'Atali et de Mohammed, proviennent de mosquées.

100   2 — Deux plaques de Rhodes, décor à feuillages et fleurs en bleu, rouge et vert.

250   3 — Plaque décor en relief en bleu et en reflets à arabesques.

4 — Deux plaques carrées décor d'entrelacs feuillagés et fleuris.

5 — Plaque décor à fleurs et feuillages en bleu et vert.

6 — Quatre plaques décor en bleu et vert à entrelacs fleuris.

7 — Petite plaque décor palmes et fleurs.

8 — Plaque de Rhodes à feuillages, bordure sur deux côtés.

9 — Plaque décor aux œillets, bordure sur un côté.

10 — Deux plaques décor en bleu foncé et bleu turquoise à ramages fleuris.

11 — Deux plaques bleu turquoise décor en relief.

12 — Plaque carrée à petites fleurs entrelacées en bleu et vert.

13 — Plaque carrée offrant une grosse fleur, décor bleu, rouge et vert.

14 — Plaque carrée, dessin de lambrequin en bleu, rouge et vert.

15 — Plaque à rosace fleurie en bleu foncé, bleu
turquoise·et vert.

16 — Plaque décor à branchages fleuris.

17 — Deux plaques décor de fleurs et ornements
en bleu turquoise, bleu foncé et vert, bordure
sur un côté.

18 — Plaque à fleurs entrelacées.

19 — Deux plaques décor à inscriptions sur fond
gros bleu.

20 — Plaque décor de fleurs et feuillages en
bleu et rouge.

21 — Deux plaques décor en gros bleu et bleu
turquoise.

22 — Plaque décor en bleu à dessin géomé-
trique.

23 — Grande plaque décor de fleurs en bleu et
vert.

24 — Plaque décor en bleu, vert et noir.

25 — Quatre plaques forme croix, décor à reflets
métalliques.

26 — Plaque décor en bleu, en relief à inscriptions sur fond à reflets.

27 — Deux plaques ornées d'inscriptions bleues
sur fond à reflets.

28 — Quatre fragments décor à inscriptions en
relief sur fond bleu.

29 — Deux plaques forme étoiles à reflets.

30 — Deux petites plaques forme étoiles, décor
en relief sur fond bleu.

31 — Deux petites plaques décor à reflets de branchages fleuris.

32 — Petite plaque forme étoile, décor à reflets
en relief à personnages.

33 — Petite plaque décor à reflets offrant au
centre un lapin.

34 — Plaque octogonale à personnages, décor
en jaune.

35 — Très petite plaque décor en relief à volatile
en bleu et or.

36 — Plaque rectangulaire ornée d'une inscrip-
tion en relief sur fond bleu.

1850 . 37 — Grande plaque décor en bleu et à reflets
offrant une entrée de mosquée et des inscriptions.

400 38 — Huit tuiles de faîte à décors variés.

410 39 — Bouteille cotelée décor à reflets.

219 40 — Coupe fond chamois à reflets.

425 41 — Vase décor à reflets sur fond gros bleu
décor de branchages.

200 42 — Vase décor en noir à ornements sur fond
bleu turquoise.

125 43 — Vase anse cotelée, décor en reflets de
branchages fleuris, goulot en cuivre.

120 44 — Petit vase surbaissé décor à reflets métal-
lique de bandes et feuillages.

45 — Petit vase surbaissé décor de branchages à reflets.

46 — Bouteille décor en noir à dessins et motifs ornementés sur fond bleu turquoise.

47 — Petit pichet décor en brun et bleu turquoise.

48 — Gourde de forme aplatie et cotelée décor à animaux de toutes espèces en bleu sur blanc.

49 — Bouteille fond brun, goulet en cuivre gravé à petits personnages.

50 — Vase décor à guirlande de fleurs en brun et jaune.

51 — Bol décor extérieur et intérieur à reflets, dessin de feuillages fleuris.

52 — Petit bol, décor extérieur en brun de branchages.

53 — Bol décor intérieur à arabesques sur fond de pointillé.

54 — Deux fragments forme triangulaire.

130 55 — Assiette creuse décor en brun, avec branche de fleurs au centre en bleu.

56 — Coupe bleu turquoise.

630 57 — Plat en faience bleue turquoise fouetté de de noir.

399 58 — Trois plats fond bleu turquoise.

BRONZES, FERS, CUIVRES

200 59 — Coffret de forme octogonale, couvercle bombé en fer inscrusté, d'or dessin à branchages fleuris.

60 — Narghilé en cuivre à fleurs, bustes et têtes de femmes.

61 — Aiguière en cuivre gravé et orné d'émaux.

62 — Buire en cuivre gravé et doré.

360 63 — Chandelier en bronze gravé, incrusté d'argent orné d'inscriptions.

140

64 — Flambeau en bronze gravé, base ajourée.

110

65 — Bouteille en bronze gravé et orné d'inscriptions, panse à cannelure, goulot évasé.

66 — Petite buire cotelée en cuivre gravé, ves-
tiges de dorure.

67 —- Pied de flambeau en cuivre gravé à motifs
entrelacés.

145

68 — Oiseau en bronze gravé, pièce curieuse.

320

69 — Coffret rectangulaire en cuivre gravé et
incrusté d'argent.

160

70 — Base de chandelier en cuivre gravé et
incrusté, décor de personnages et caractères.

340

71 — Mortier à pans en bronze gravé décor de
médaillons ornementés.

180

72 — Chauffe-main forme boule en cuivre gravé
et incrusté d'argent.

73 — Flambeau à large ba e, en bronze g avé et
étamé.

74 — Narghilé en cuivre gravé à motifs ornementés et inscriptions.

75 — Aspergeoir en verre bronzé, pied en cuivre
gravé.

76 — Ecritoire à deux godets en fer repoussé et
incrusté d'argent à fleurs et losanges.

77 — Plat creux en cuivre incrusté, décor de
médaillons ornementés.

78 — Petit plat en cuivre gravé à rosace cen-
trale.

79 — Grand plat en cuivre gravé à entrelacs
feuillagés.

80 — Grande coupe à bordure dentelée en cuivre
gravé et incrusté, dessin inscriptions et ro-
saces.

81 — Grand vase forme boule en cuivre gravé.

82 — Paire de flambeaux sur plateaux en cuivre
gravé à petits personnages.

210 83 — Petit vase en cuivre incrusté d'or et d'argent.

150 84 — Vase en bronze patine foncée, incrusté d'or et d'argent.

120 85 — Vase en bronze étamé décor gravé et incrusté.

140 86 — Petit pichet en bronze gravé à fleurs.

87 — Coupe en cuivre, bordure extérieure à dessin gravé d'inscriptions.

88 — Torchère de mosquée en cuivre gravé à pans.

250 89 — Encensoir sur trépied en bronze incrusté d'argent.

90 — Réchaud sur trois pieds en bronze vert.

91 — Bouteille à pans en bronze.

92 — Petite coupe en cuivre gravé et incrusté d'argent.

93 — Flambeau en bronze gravé et incrusté
d'argent, fuseau à personnages.

94 — Bassin en cuivre, bordure extérieure
gravée.

95 — Vase à anse mobile en bronze gravé.

96 — Vase sur pied gravé et étamé.

97 — Bassin d'aiguière en cuivre gravé.

98 — Vase sur pied en cuivre gravé à ornements.

99 — Marmite en cuivre gravé et étamé.

100 — Bol en cuivre gravé patine foncée.

101 — Vase en cuivre étamé et gravé à personnages.

102 — Coupe en cuivre gravé à médaillons ornementés.

103 — Plaquette en bronze offrant des têtes de
femmes à corps de lions, et ornées d'inscriptions.

104 — Jardinière en cuivre gravé, bordure à inscriptions.

ARMES

105 — Poignard, lame courbe, manche et fourreau en argent gravé.

106 — Petit poignard lame courbe, manche en
ivoire, fourreau en argent gravé.

107 — Yatagan poignée et fourreau en argent
repoussé à fleurs et enroulements.

108 — Couteau lame courbe à gouttières, poignée
en ivoire, fourreau en argent repoussé à fleurs.

109 — Poignard, manche en ivoire, fourreau en
argent repoussé, écusson et rocailles.

110 — Poignard, lame incrustée d'or, manche en
ivoire sculpté à personnages surmontés d'un
mouton.

111 — Poignard lame gravée d'inscriptions, manche en ivoire.

112 — Poignard lame gravée de personnages et d'oiseaux, manche en ivoire.

113 — Paire de pistolets monténégrins en fer recouvert de filigrane d'argent.

114 — Deux poignards dans leurs fourreaux en cuir garni de cloutés et d'ornements d'argent, avec ceinturons en étoffe brochée d'or.

115 — Rondache en fer gravé et incrusté d'or, dessin à caractères et inscriptions.

116 — Hache en fer gravé damasquiné d'or, manche en bois.

117-121 — Cinq armures en fer incrusté composé chacune d'un bouclier, d'un casque et d'un brassard.

122 — Cuirasse en fer incrusté d'argent.

123 — Sabre avec lame gravée à personnages et animaux, poignée en fer, fourreau en étoffe rouge.

124 — Gros cadenas en fer, avec inscriptions d'or.

OBJETS DIVERS

125 — Coupe forme coquille en cristal gravé à rinceaux, pied formé de dauphins enroulés, monture en argent doré enrichie de pierrerie. xviie siècle.

126 — Deux lampes à quatre et à trois branches en cuivre, xviie siècle.

127 — Fauteuil en bois sculpté ajouré et doré de Chine, dossier offrant des compartiments ornés de dragons, piètement à chimères.

128 — Cadre en bois sculpté et doré, avec fronton orné d'une petite peinture représentant des saints, xviie siècle.

ETOFFES, BRODERIES. TAPIS

129 — Tapis d'Orient, dessin rouge sur fond crème, bordure bleu et rouge.

130 — Garniture de salon : lambrequins, pentes et panneaux (13 pièces) en velours de Gênes, dessin à branchages fleuris.

131 — Petit tapis à petites fleurettes.

132 — Trois petits carrés en broderie de soie à motifs ornementés.

133 — Tapis de table à semis de fleurs, tissé d'or, bordure bleue.

134 — Panneau en brocart tissé d'or et de soie à festons et bouquets de fleurs fond mordoré.

135 — Casaque bleue avec bordure à fleurs et volatiles.

136 — Tapis de table en broderie et application, dessin de motifs ornementés.

137 — Tapis de Scutari, dessin en rouge et vert.

138 — Grande chape en damas de soie blanche, chaperons et orfroi brochés à fleurs, aux chiffres du Christ.

139 — Morceau de brocart jaune tissé d'or, dessin à corbeilles de fleurs.

140 — Morceau de soie à branchages fleuris sur fond bleu.

141 — Devant d'autel en damas crème brodé d'or aux chiffres du Christ.

142 — Dessus de coussin en broderie de la Renaissance : saint Baptiste.

143 — Morceau de soie jaune tissée à fleurs et branchages.

144 — Panneau en drap d'argent brodé de soie et d'or à grandes branches fleuries et croissant central.

145 — Bandeau tissé de soie et d'or à bouquets de fleurs.

146 — Petit tapis en velours rouge ciselé sur fond
jaune à losanges fleuries.

147 — Panneau en étoffe rouge brodé en relief à
fleurs ornementés.

148 — Tapis de table fond saumon brodé à rosa-
ces et arabesques fleuries.

149 — Tapis en étoffe verte brodée de soie offrant
une jardinière fleurie.

150 — Bandeau en soie saumon tissée d'argent doré
et de soie jaune décor à fleurs.

151 — Panneau en brocart d'or fond lie de vin,
décor à grands branch.ges fleuris.

152 — Tapis en satin rouge tissé de soie jaune
dessin représentant une suspension entre deux
colonnes.

153 — Petit napperon fond crème à dessin vert.

154 — Panneau fond saumon tissé d'or et de soie
vert et noir, décor de trophées d'armes.

155 — Carré de velours frappé orné de médaillons ovales à fleurs.

157 — Echarpe en soie rouge brodé d'or à fleurs, encadrée d'inscriptions.

158 — Petit carré brodé de soie bleu, rouge vert et jaune.

159 — Petit napperon en drap rouge, brodé de perles à oiseaux au milieu d'entrelacs fleuris.

160 — Carré en broderies polychromes.

161 — Tapis en velours ciselé rouge à fleurs sur fond jaune d'or.

162 — Napperon en brocart décor de fleurs, encadré de soie rouge.

163 — Gilet persan en broderie, bandes diagonales ornementées.

164 — Petit tapis en tapisserie décor à motifs ornementés en polychrome.

165 — Tapis de Scutari fond jaune d'or à dessin
bleu.

166 — Grande portière à quadrillés ornementés
et bandes rouges.

167 — Petit panneau en velours rouge de Gênes
décor de couronnes et cariatides d'enfants.

168 — Garniture composée de neuf pièces en velours crème à fleurs et ramages.

169 — Petit tapis en toile brodée à diagonales verte
et beige.

170 — Petit napperon fond beige tissé d'or à
grandes palmes, encadré de soie bleu.

171 — Petit napperon en soie beige tissé de branches fleuries.

172 — Petit panneau en velours vert sur fond or
à fleurettes.

173 — Petit napperon tissé d'or, dessin à branches
fleuries.

174 — Petit napperon tissé d'or à fleurs rouges, encadré de quadrillés de velours rouge.

175 — Petit carré en étoffe tissée, décor de palmettes, encadré de soie rouge.

176 — Petit tapis coton saumon, brodé de soie jaune et or à fleurettes.

177 — Petit tapis de prière fond crème à losanges ornés de fleurettes.

178 — Tapis de prière fond rose offrant un arbre fleuri.

179 — Tapis dessin bleu et crème à motifs ornementés.

180 — Tapis de prière fond bleu à arbustes, bordure à rayures.

181 — Tapis orné de quatre médaillons sur fond bleu, bordure fond crème.

182 — Tapis fond bistre à ornements.

330 183 — Petit tapis décor à branchages fleuris, XVIᵉ siècle.

184 — Grand tapis fond noir à dessin polychrome, bordure fond jaune.

185 185 — Tapis à médaillons ornementés gros bleu. sur fond rouge.

186 — Objets omis.

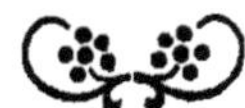

www.ingramcontent.com/pod-product-compliance
Ingram Content Group UK Ltd.
Pitfield, Milton Keynes, MK11 3LW, UK
UKHW022332170726
13837UKWH00005BA/2239